Par l'auteure de
« CASSE BOUCHE Bienvenue au pays du rire »
Hanaé LECASIO

KIABITOU

Dépôt légal : décembre 2021

© 2022, Hanaé Lecasio
Édition : BoD – Books on Demand,
12/14 rond-point des Champs-Élysées, 75008 Paris
Impression : BoD - Books on Demand,
Norderstedt, Allemagne
ISBN : 9782322404810
Dépôt légal : Décembre 2021

COMMUNES
« NOMS
D'ANIMAUX »

AGNEAUX (50) Manche, Normandie.
Gentilé : Agnelais, Agnelaises.

L'AIGLE (61) Orne, Normandie.
Gentilé : Aiglons, Aiglonnes.

AUTRUCHE (08) Ardennes, Grand Est.
Gentilé : Autruchiens, Autruchiennes.

Le saviez-vous ? En 1999, pour freiner la chute de la population, le maire a eu l'idée de créer un élevage d'autruches pour attirer les visiteurs, et cela a marché ! Le nombre d'habitants est même reparti à la hausse.

LA BALEINE (50) Manche, Normandie.
Gentilé : Balenois, Balenoises.

BICHES (58) Nièvre, Bourgogne-Franche-Comté.
Gentilé : Bichois, Bichoises.

BOURDON (80) Somme, Hauts-de-France.
Gentilé : Bourdonnais, Bourdonnaises.

CABRIS (06) Alpes- Maritimes, PACA.
Gentilé : Cabriens, Cabriennes.

Le saviez-vous ? Le Chanteur Richard Anthony a vécu à Cabris et repose au cimetière du village.

CAILLE (06) Alpes- Maritimes, PACA.
Gentilé : Caillois, Cailloises.

CANARI (2B) Haute-Corse.
Gentilé : Canarais, Canaraises.

CHATTE (38) Isère. Rhône-Alpes.
Gentilé : Chattois, Chattoises.

COULEUVRE (03) Allier, Auvergne.
Gentilé : Couleuvrois, Couleuvroises.

DAUPHIN (04) Alpes-de-Haute-Provence, PACA.
Gentilé : Dauphinois, Dauphinoises.

ÉTALON (80) Somme, Hauts-de-France.
Gentilé : Étaloniens, Étaloniennes.

FAUCON (84) Vaucluse, PACA.
Gentilé : Fauconnais, Fauconnaises.

GRUES (85) Vendée, Pays de la Loire.
Gentilé : Gruaulais, Gruaulaises.

HÉRISSON (03) Allier, Auvergne.
Gentilé : Hérissonnais, Hérissonnaises.

LE HÉRON (76) Seine-Martitime, Région Normandie.
Gentilé : Héronnais, Héronnaises.

LA MOUCHE (50) Manche, Normandie.
Gentilé : Moucherons, Moucheronnes.

MOUETTES (27) Eure, région Normandie.
Gentilé : Mouettais, Mouettaises.

MOUTON (16) Charente, Nouvelle-Aquitaine.
Gentilé : Moltonais, Moltonaises.

LA PERCHE (18) Cher, Centre.
Gentilé : Perchois, Perchoises.

LA SERPENT (11) Aude, région Occitanie
Gentilé : Serpentois, Serpentoises.

POISSONS (52) Haute-Marne, région Grand Est.
Gentilé : Picheneilles.

Le saviez-vous ? Depuis 1979, la commune de POISSONS est jumelée avec la commune de AVRIL, (Meurthe-et-

Moselle) en guise de clin d'œil à la tradition du poisson d'avril. Bien sûr, le jumelage a été officialisé le 1ᵉʳ avril 1979 !

LES THONS (88) Vosges, Grand Est.
<u>*Gentilé*</u> *:* Aucun (aidez-les SVP…).

VER (50) Manche, région Normandie.
<u>*Gentilé*</u> *:* Vérotins, Vérotines.

COMMUNES « NOMS DE VILLES ET PAYS »

ARGENTINE (73) Savoie, Rhône-Alpes.
Gentilé : Argentins, Argentines.

Le saviez-vous ? Il n'y a aucun lien avec le Pays d'Amérique du Sud. Le nom fait référence aux mines de plomb argentifère exploitées autrefois sur le territoire de la commune.

BRETAGNE
(36) Indre, région Centre-Val de Loire.
Gentilé : Bretons, Bretonnes
(90) Belfort, région Bourgogne-Franche-Comté.
Gentilé : Brettains, Brettaines.

BRUGES (33) Gironde, région Nouvelle-Aquitaine.
Gentilé : Brugeais, Brugeaises.

LE CAIRE (04) Alpes-de-Haute-Provence, région Provence-Alpes-Côte d'Azur.
Gentilé : Cairois, Cairoises.

GRENADE (31) Haute-Garonne, région Occitanie.
Gentilé : Grenadains, Grenadaines.

MONTRÉAL
(11) Aude, région Occitanie.
Gentilé : Montréalais, Montréalaises
(32) Gers, région Occitanie.
Gentilé : Montréalais, Montréalaises
(89) Yonne, région Bourgogne-Franche-Comté.
Gentilé : Montréalais, Montréalaises.

Le saviez-vous ? L'acteur Philippe Noiret a vécu tout près de MONTRÉAL dans l'Aude. La fin du film « La vie et rien d'autre » de Bertrand Tavernier, avec

Philippe Noiret, dans le rôle principal, a été tournée dans cette commune.

SOUDAN

(44) Loire-Atlantique, région Pays de la Loire.
Gentilé : Soudanais, Soudanaises.
(79) Deux-Sèvres, région Nouvelle-Aquitaine.
Gentilé : Soudanais, Soudanaises.

VENISE (25) Doubs, région Bourgogne-Franche-Comté.
Gentilé : Véniziens, Véniziennes.

VERDUN (09) Ariège, région Occitanie.
Gentilé : Verduniens, Verduniennes.

COMMUNES « NOMS DE COULEURS »

LE BLANC (36) Indre, Centre.
Gentilé : Blancois, Blancoises.

LA DORÉE (53) Mayenne, Région Pays de la Loire.
Gentilé : Doréens, Doréennes.

MAGENTA (51) Marne, région Grand Est.
Gentilé : Magentais, Magentaises.

MAUVES (07) Ardèche, Rhône-Alpes.
Gentilé : Malvinois, Malvinoises.

ORANGE (84) Vaucluse, PACA.
Gentilé : Orangeois, Orangeoises.

LES ROUSSES (39) Jura, Franche-Comté.
Gentilé : Rousselands, Rousselandes.

VERT (40) Landes, Aquitaine.

Gentilé : Vertois, Vertoises.

VERT (78) Yvelines, région Ile-de-France.
Gentilé : Vertais, Vertaises.

Le saviez-vous ? En 1969, le réalisateur Philippe de Broca, passionné de jardin a acheté une ferme à VERT, dans les Yvelines et y a vécu plus de 30 ans.

COMMUNES « NOMS DU CORPS HUMAIN »

BRAS (83) Var, région PACA.
Gentilé : Brassois, Brassoises.

CORPS (38) Isère, Rhône-Alpes.
Gentilé : Corpensais, Corpensaises ou Corpatus.

COUDES (63) Puy-de-Dôme, région Auvergne-Rhône-Alpes.
Gentilé : Coudois, Coudoises.

GORGES
(44) Loire-Atlantique, région Pays de la Loire.
Gentilé : Gorgeois, Gorgeoises.
(50) Manche, région Normandie.
Gentilé : Gorgions, Gorgionnes.

LE GOSIER (97) Guadeloupe.
Gentilé : Gosiériens, Gosiériennes.

HANCHES (28) Eure-et-Loir, région Centre-Val de Loire.
Gentilé : Hanchois, Hanchoises.

MENTON (06) Alpes-Maritimes, PACA.
Gentilé : Mentonnais, Mentonnaises.

ONGLES (04) Alpes-de-Haute-Provence, région Provence-Alpes-Côte d'Azur.
Gentilé : Onglois, Ongloises.

POIL (58) Nièvre, région Bourgogne.
Gentilé : Pixiens, Pixiennes.

Le saviez-vous ? La commune fait partie de l'Association des communes de France aux noms burlesques et chantants ». Elle attire de nombreux visiteurs qui ne manquent pas de se prendre en photo devant le panneau de la ville, panneau qui est souvent volé !

TALON (58) Nièvre, région Bourgogne.
<u>Gentilé</u> : Talonnais, Talonnaises.

TENDON (88) Vosges, région Grand Est.
<u>Gentilé</u> : Todas.

COMMUNES « NOMS D'ALIMENTS »

AVOINE
37) Indre, Centre-Val de Loire.
Gentilé : Avoinais, Avoinaises.
(61) Orne, région Normandie.
Gentilé : Avoinais, Avoinaises.

LA BOUILLIE (22) Côtes-d'Armor, région Bretagne.
Gentilé : Lambolliens, Lambolliennes.

LE BOUILLON (61) Orne, Normandie.
Gentilé : Bouillonnais, Bouillonnaises.

BOURSIN (62) Pas-de-Calais, région Hauts-de-France. *Gentilé* : Boursinois, Boursinoises.

CANNELLE (20) Corse-du-Sud.
Gentilé : Cannelais, Cannelaises.

CHOUX (39) Jura, région Bourgogne-Franche-Comté.
Gentilé : Chouliers, Choulières.

COINGS (36) Indre, Centre-Val de Loire.
Gentilé : Cogniciens, Cogniciennes.

FÈVES (57) Moselle, région Grand Est.
Gentilé : Févots, Févottes.

GIROLLES (45) Loiret, Région Centre-Val de Loire.
Gentilé : Girollois, Girolloises.

GIROLLES (89) Yonne, Région Bourgogne-Franche-Comté.
Gentilé : Girollois, Girolloises.

GOUSSE (40) Landes, région Nouvelle-Aquitaine.
Gentilé : Goussois, Goussoises.

JARRET (65) Hautes-Pyrénées
Région Occitanie.
Gentilé : Jarretois, Jarretoises.

LENTILLES (10) Aube, région Grand Est.
Gentilé : Lentillois, Lentilloises.

MÛRES (74) Haute-Savoie.
Région Auvergne-Rhône-Alpes.
Gentilé : Mûrains, Mûraines.

POIVRES (10) Aube, région Grand Est.
Gentilé : Piperiens, Piperiennes.

SORBETS
    (40) Landes, région Nouvelle-Aquitaine.
Gentilé : Sorbésiens, Sorbésiennes.
    (32) Gers, région Occitanie.
Gentilé : Sorbetziens, Sorbetziennes.

COMMUNES « NOMS D'OBJETS »

AIGUILLES (05) Hautes-Alpes, PACA.
Gentilé : Aiguillons, Aiguillonnes.

AVION (62) Pas-de-Calais, région Hauts-de-France.
Gentilé : Avionnais, Avionnaises.

BALLON (17) Charente-Maritime, région Nouvelle-Aquitaine.
Gentilé : Ballonais, Ballonaises.

BIDON (07) Ardèche, Rhône-Alpes.
Gentilé : Bidonais, Bidonaises ou Bidoniers, Bidonières.

BOUCHON (80) Somme, Hauts-de-France.
Gentilé : Bouchonnais, Bouchonnaises.

BOUÉE (44) Loire-Atlantique, région Pays de la Loire.
Gentilé : Bouésiens, Bouésiennes ou Bouéziens, Bouéziennes.

BOULON (14) Calvados, Normandie.
Gentilé : Boulonnais, Boulonnaises.

LA BOUTEILLE (02) Aisne, région Hauts-de-France.
Gentilé : Bouteillois, Bouteilloises.

BUS (62) Pas-de-Calais, Hauts-de-France.
Gentilé : Bussois, Bussoises.

LE CERCUEIL (61) Orne, Normandie.
Gentilé : Cercueillais, Cercueillaises.

CHAPEAU (03) Allier, région Auvergne.
Gentilé : Chapeautois, Chapeautoises.

CHARS (95) Val-d'Oise, Ile-de-France.

Gentilé : Charsiens, Charsiennes.

LA CHAUDIÈRE (26) Drôme, région Auvergne-Rhône-Alpes.
Gentilé : Chaudièrois, Chaudièroises.

CITERNE (80) Somme, région Hauts-de-France.
Gentilé : Citernois, Citernoises.

CLAVIERS (83) Var, région PACA.
Gentilé : Clavésiens, Clavésiennes.

LES CLEFS (74) Haute-Savoie, région Auvergne-Rhône-Alpes.
Gentilé : Clertins, Clertines.

CORDON (74) Haute-Savoie, région Auvergne-Rhône-Alpes.
Gentilé : Cordonnants, Cordonnantes.

COUCHES (71) Saône-et-Loire, région Bourgogne-Franche-Comté.
Gentilé : Couchois, Couchoises.

CUVES
(50) Manche, région Normandie.
Gentilé : Cuvois, Cuvoises.
(52) Haute-Marne, région Grand Est.
Gentilé : Cuvois, Cuvoises.

DRAP (06) Alpes-Maritimes, PACA.
Gentilé : Drapois, Drapoises.

L'ÉCHELLE (08) Ardennes, Grand Est.
Gentilé : Échellois, Échelloises.

LES ÉCHELLES (73) Savoie, région Auvergne-Rhône-Alpes.
Gentilé : Échellois, Échelloises.

ENGINS (38) Isère, Rhône-Alpes.
Gentilé : Enginois, Enginoises.

LA FLÈCHE (72) Sarthe, région Pays de la Loire.
Gentilé : Fléchois, Fléchoises.

FOURCHES (14) Calvados, Normandie.
Gentilé : Fourchus.

GOUTTIÈRES (63) Puy-de-Dôme, région Auvergne-Rhône-Alpes.
Gentilé : Gouttièraux.

LOUCHES (62) Pas-de-Calais, région Hauts-de-France.
Gentilé : Louchois, Louchoises.

LA LOUPE (28) Eure-et-Loir, région Centre-Val de Loire.
Gentilé : Les Loupiots, Loupiotes ou Loupéens, Loupéennes.

LOUPES (33) Gironde, région Nouvelle-Aquitaine.
Gentilé : Loupesiens, Loupesiennes.

LA MACHINE (58) Nièvre, région Bourgogne-Franche-Comté.
Gentilé : Machinois, Machinoises.

LE MIROIR (71) Saône-et-Loire, région Bourgogne-Franche-Comté.
Gentilé : Miroissiens, Miroissiennes.

MOUCHARD (39) Jura, Franche-Comté.
Gentilé : Muscadiens, Muscadiennes.

LE MOULE (97) Guadeloupe.
Gentilé : Mouliens, Mouliennes.

LA PLANCHE (44) Loire-Atlantique, région Pays de la Loire.
Gentilé : Planchots, Planchottes.

LES SIÈGES (89) Yonne, région Bourgogne-Franche-Comté.
Gentilé : Siégeois, Siégeoises.

LE TABLIER (85) Vendée, région Pays de la Loire.
Gentilé : Tabulériens, Tabulériennes.

LE TAMPON (97) La Réunion.
Gentilé : Tamponnais, Tamponnaises.

LA TOMBE (77) Seine-et-Marne, région Ile-de-France.
Gentilé : Tombiers, Tombières.

TRETEAU (03) Allier, région Auvergne-Rhône-Alpes.
Gentilé : Tréteautois, Tréteautoises.

COMMUNES « NOMS DE LIEUX »

BAR (19) Corrèze, Nouvelle-Aquitaine.
Gentilé : Barois, Baroises.

LE BUISSON (48) Lozère, Occitanie.
Gentilé : Buissonnets, Buissonnettes.

BUISSON (84) Vaucluse, région PACA.
Gentilé : Buissonnais, Buissonnaises.

LE CELLIER (44) Loire-Atlantique, région Pays de la Loire.
Gentilé : Cellariens, Cellariennes.

LA CHAMBRE (73) Savoie, région Auvergne-Rhône-Alpes.
Gentilé : Chambrains, Chambrainches.

LA CHAUSSÉE
(76) Seine-Maritime, région Normandie.
Gentilé : Calcéens, Calcéennes.

(86) Vienne, Nouvelle-Aquitaine.
Gentilé : Chausséens, Chausséennes.

CHEMIN (39) Jura, région Bourgogne-Franche-Comté.
Gentilé : Cheminois, Cheminoises.

LA CHÈVRERIE (16) Charente, région Nouvelle-Aquitaine.
Gentilé : Chévriens, Chévriennes.

LE CLAPIER (12) Aveyron, Occitanie.
Gentilé : Clapierois, Clapieroises.

LA CRIQUE (76) Seine-Maritime, région Normandie.
Gentilé : Criquais, Criquaises.

LES DÉSERTS (73) Savoie, région Auvergne-Rhône-Alpes.
Gentilé : Désertiers, Désertières.

LE DÉTROIT (14) Calvados, Normandie.
Gentilé : Détroitiens, Détroitiennes.

LE DONJON (03) Allier, région Auvergne-Rhône-Alpes.
Gentilé : Donjonnais, Donjonnaises.

DUNES (82) Tarn-et-Garonne, région Occitanie.
Gentilé : Dunois, Dunoises.

ÉCOLE (73) Savoie, Rhône-Alpes.
Gentilé : Écoulans, Écoulanes.

ÉCURIE (62) Pas-de-Calais, région Hauts-de-France.
Gentilé : Écuriens, Écuriennes.

ÉTABLES (07) Ardèche, région Auvergne-Rhône-Alpes.
Gentilé : Établésiens, Établésiennes.

LA FALAISE (78) Yvelines, région Ile-de-France.
Gentilé : Falaisiens, Falaisiennes.

FALAISE (14) Calvados, Normandie.
Gentilé : Falaisiens, Falaisiennes.

LES HAIES (69) Rhône, région Auvergne-Rhône-Alpes.
Gentilé : Hayards, Hayardes.

L'HÔPITAL (57) Moselle, Grand Est.
Gentilé : Spittellois, Spitelloises.

LE JARDIN (19) Corrèze, région Nouvelle-Aquitaine.
Gentilé : Jardinois, Jardinoises.

JARDIN (38) Isère, région Auvergne-Rhône-Alpes.
Gentilé : Jardinois, Jardinoises.

LACS (36) Indre, région Centre-Val de Loire.
Gentilé : Lacubusiens, Lacubusiennes.

MAISONS
(11) Aude, région Occitanie.
Gentilé : Maisonais, Maisonaises.
(28) Eure-et-Loir, région Centre.
Gentilé : Maisonnais, Maisonnaises.

MONTAGNE
(33) Gironde, région Nouvelle-Aquitaine.
Gentilé : Montagnais, Montagnaises.
(38) Isère, Rhône-Alpes.
Gentilé : Montagnards, Montagnardes.

PELOUSE (48) Lozère, région Occitanie.
Gentilé : Pelousiens, Pelousiennes.

LA PORCHERIE (87) Haute-Vienne.
Gentilé : Porchariaux.

PUITS (21) Côte-d'Or, région Bourgogne.
Gentilé : Puijats, Puijates.

LE QUARTIER (63) Puy-de-Dôme, région Auvergne-Rhône-Alpes.
Gentilé : Quartiérauds, Quartiéraudes.

DEMI-QUARTIER (74) Haute-Savoie, région Auvergne-Rhône-Alpes.
Gentilé : Demi-Quartelains, Demi-Quartelaines.

ROUTES (76) Seine-Maritime, Normandie.
Gentilé : Routais, Routaises.

RUE (80) Somme, Hauts-de-France.
Gentilé : Ruens, Ruennes.

SALON (10) Aube, Grand-Est.
Le saviez-vous ? Les habitants de Salon dans l'Aube s'appellent « Les Gazous » qui désignerait tout simplement des personnes qui aiment se retrouver, qui recherchent la société, de braves gens.

TAVERNES (83) Var, région PACA.
Gentilé : Tavernais, Tavernaises.

LA TERRASSE (38) Isère, Rhône-Alpes.
Gentilé : Terrassons, Terrassonnes.

LA TOUR
    (06) Alpes-Maritimes, PACA.
Gentilé : Tourriers, Tourrières.
    (74) Haute-Savoie, Rhône-Alpes.
Gentilé : Tourinois, Tourinoises.

COMMUNES « NOMS DE VERBES »

ALLONS

(47) Lot-et-Garonne, région Nouvelle-Aquitaine.
Gentilé : Allonais, Allonaises.

(04) Alpes-de-Haute-Provence, région Provence-Alpes-Côte d'Azur.
Gentilé : Allonsais, Allonsaises.

APPELLE (81) Tarn, région Occitanie.
Gentilé : Appélois, Appéloises.

BAIGNES (70) Haute-Saône, région Bourgogne-Franche-Comté.
Gentilé : Baignois, Baignoises.

BOUDES (63) Puy-de-Dôme, région Auvergne-Rhône-Alpes.
Gentilé : Boudigans, boudigannes.

BRANCHES (89) Yonne, région Bourgogne-Franche-Comté.
Gentilé : Branchois, Branchoises.

CHANGE
(71) Saône-et-Loire, région Bourgogne-Franche-Comté.
Gentilé : Changeois, Changeoises.

CHANTES
(70) Haute-Saône, région Bourgogne-Franche-Comté.
Gentilé : Chantois, Chantoises.

CHARMES
(02) Aisne, région Hauts-de-France.
Gentilé : Charmois, Charmoises.
(88) Vosges, région Grand Est.
Gentilé : Carpiniens, Carpiniennes.

COINCES (45) Loiret, Centre-Val de Loire
Gentilé : Coinçois, Coinçoises.

COGNA (39) Jura, région Bourgogne-Franche-Comté.
Gentilé : Aucun (aidez-les SVP à trouver)

COMBLES (80) Somme, région Hauts-de France.
Gentilé : Comblésiens, Comblésiennes.

COURANT (17) Charente-Maritime, région Nouvelle-Aquitaine.
Gentilé : Courantais, Courantaises.

COURS
    (46) Lot, région Occitanie.
Gentilé : Coursiens, Coursiennes.
    (69) Rhône, Rhône-Alpes.
Gentilé : Coursiauds, Coursiaudes.

CREVANT (36) Indre, Val de Loire.
Gentilé : Crevandiaux.

ÉCLAIRES (51) Marne, région Grand Est.
Gentilé : Barochins, Barochines.

ÉCORCHES (61) Orne, région Normandie.
Gentilé : Écorchois, Écorchoises.

ÉPARGNES (17) Charente-Maritime, région Nouvelle-Aquitaine.
Gentilé : Épargnais, Épargnaises.

ESPÈRE (46) Lot, région Occitanie.
Gentilé : Espérois, Espéroises.

EU (76) Seine -Maritime, Normandie.
Gentilé : Eudois, Eudoises.

GOUVERNES (77) Seine-et-Marne, région Ile-de-France.
Gentilé : Gouverniauds, Gouverniaudes.

Petite info : Le chanteur Pierre Vassiliu y a vécu et c'est dans cette commune qu'il a écrit sa fameuse chanson « Qui c'est celui-là ? ».

IRAI (61) Orne, région Normandie.
Gentilé : Idriuciens, Idriuciennes.

LÈVES (28) Eure-et-Loir, région Centre.
Gentilé : Lévois, Lévoises.

LISSES (91) Essonne, Ile-de-France.
Gentilé : Lissois, Lissoises.

LOUER (40) Landes, Nouvelle-Aquitaine.
Gentilé : Louérois, Louéroises.

PLANQUES (62) Pas-de-Calais, région Hauts-de-France.
Gentilé : Planquois, Planquoises.

PLEURE (39) Jura, région Franche-Comté.
Gentilé : Pleurois, Pleuroises.

POMPONNE (77) Seine-et-Marne, région Ile-de-France.
Gentilé : Pomponnais, Pomponnaises.

POSES (27) Eure, région Normandie.
Gentilé : Posiens, Posiennes.

PUBLIER (74) Haute-Savoie, région Auvergne-Rhône-Alpes.
Gentilé : Publiérains, Publiéraines.

RAMASSE (01) Ain, région Rhône-Alpes.
Gentilé : Ramassards, Ramassardes.

REPLONGES (01) Ain, région Auvergne-Rhône-Alpes.
Gentilé : Replongeards, Replongeardes.

RI (61) Orne, région Normandie.
Gentilé : Rysopliens, Rysopliennes ou Risoliniens, Risoliniennes.

RIONS (33) Gironde, Nouvelle-Aquitaine.
Gentilé : Rionais, Rionaises.

SAIGNES
    (15) Cantal, Auvergne-Rhône-Alpes.
Gentilé : Saignois, Saignoises.
    (46) Lot, région Occitanie.
Gentilé : Saignois, Saignoises.

SALIVES (21) Côte-d'Or, région Bourgogne-Franche-Comté.
Gentilé : Sacribains, Sacribaines.

SAURAIS (79) Deux-Sèvres, région Nouvelle-Aquitaine.
Gentilé : Sauraisiens, Sauraisiennes.

SCIEZ (74) Haute-Savoie, Rhône-Alpes.
Gentilé : Sciézois, Sciézoises.

SÉCHERAS (07) Ardèche, Rhône-Alpes.
Gentilé : Saccaratois, Saccaratoises

SIGNES (83) Var, région Provence-Alpes-Côte d'Azur.
Gentilé : Signois, Signoises.

SOULAGES (15) Cantal, région Auvergne-Rhône-Alpes.
Gentilé : Soulageois, Soulageoises.

TOUILLE (31) Haute-Garonne, région Occitanie.
Gentilé : Touillois, Touilloises.

COMMUNES « NOMS D'AJECTIFS »

ABONDANT (28) Eure-et-Loir, région Centre-Val de Loire.
Gentilé : Abondantais, Abondantaises.

ATHÉE
(53) Mayenne, Pays de la Loire.
Gentilé : Athéens, Athéennes.
(21) Côte-d'Or, région Bourgogne-Franche-Comté.
Gentilé : Athéens, Athéennes.

BEAUX (43) Haute-Loire, Auvergne.
Gentilé : Béaliens, Béaliennes.

BERNÉ (56) Morbihan, région Bretagne.
Gentilé : Bernéens, Bernéennes.

BIO (46) Lot, région Occitanie.
Gentilé : Biotois, Biotoises.

BONNARD (89) Yonne, région Bourgogne-Franche-Comté.

Gentilé : Bonnartois, Bonnartoises.

BONNE (74) Haute-Savoie, Rhône-Alpes.
Gentilé : Bonnois, Bonnoises.

BOUGON (79) Deux-Sèvres, région Nouvelle-Aquitaine.
Gentilé : Bougonais, Bougonaises.

BOUILLANTE
(97) Guadeloupe.
Gentilé : Bouillantais, Bouillantaises.

BOURRÉ (41) Loir-et-Cher, Val de Loire.
Gentilé : Bourrinchons, Bourrinchones.

BRÈVES (58) Nièvre, région Bourgogne-Franche-Comté.
Gentilé : Brèvois, Brèvoises.

BRUSQUE (12) Aveyron, Occitanie.
Gentilé : Brusquois, Brusquoises.

LES CASSÉS (11) Aude, région Occitanie.
Gentilé : Cassignols, Cassignoles.

CHANGÉ
(53) Mayenne, région Pays de la Loire.
Gentilé : Changéens, Changéennes.
(72) Sarthe, région Pays de la Loire.
Gentilé : Changéens, Changéennes.

CHARGÉ (37) Indre-et-Loire, région Centre-Val de Loire.
Gentilé : Chargéens, Chargéennes.

CHARMÉ (16) Charente, région Nouvelle-Aquitaine.
Gentilé : Charmésiens, Charmésiennes.

CINTRÉ (35) Ille-et-Vilaine, Bretagne.
Gentilé : Cintréens, Cintréennes.

CLOUÉ (86) Vienne, région Nouvelle-Aquitaine.
Gentilé : Cloésiens, Cloésiennes.

DOUX (79) Deux-Sèvres, région Nouvelle-Aquitaine.
Gentilé : Dolais, Dolaises.

ÉPINEUSE (60) Oise, Hauts-de-France.
Gentilé : Spinosiens, Spinosiennes.

FAUX (24) Dordogne, région Nouvelle-Aquitaine.
Gentilé : Fallois, Falloises ou Fauxois, Fauxoises.

LES FINS (25) Doubs, région Bourgogne-Franche-Comté.
Gentilé : Finois, Finoises.

FOLLES (87) Haute-Vienne, région Nouvelle-Aquitaine.
Gentilé : Follais, Follaises.

FORCÉ (53) Mayenne, Pays de la Loire.
Gentilé : Forcéens, Forcéennes.

FRAIS (90) Territoire de Belfort, région Bourgogne-Franche-Comté.
Gentilé : Fraisiers, Fraisières.

FRANCS (33) Gironde, région Nouvelle-Aquitaine.
Gentilé : Francs, Frances.

LA GAILLARDE (76) Seine-Maritime, région Normandie.
Gentilé : Gaillardais, Gaillardaises.

GRAS (07) Ardèche, Rhône-Alpes.
Gentilé : Grassois, Grassoises.

LES GRAS (25) Doubs, Franche-Comté.
Gentilé : Rosillards, Rossillardes.

GRASSE
(06) Alpes-Maritimes, région Provence-Alpes-Côte d'Azur.
Gentilé : Grassois, Grassoises.

LA GRAVE (05) Hautes-Alpes, PACA.
Gentilé : Gravarots, Gravarotes.

JOYEUSE (07) Ardèche, Rhône-Alpes.
Gentilé : Joyeusains, Joyeusaines.

JOYEUX (01) Ain, Rhône-Alpes.
Gentilé : Joliacois, Joliacoises.

LANCÉ (41) Loir-et-Cher, région Centre-Val de Loire.
Gentilé : Lancéens, Lancéennes.

LASSE (64) Pyrénées-Atlantiques, région Nouvelle-Aquitaine.
Gentilé : Lassois, Lassoises.

LENT
(01) Ain, Rhône-Alpes.
Gentilé : Lentais, Lentaises.
(39) Jura, Franche-Comté.
Gentilé : Coucous

LONG (80) Somme, région Hauts-de-France.
Gentilé : Longiniens, Longiniennes.

LOUÉ (72) Sarthe, région Pays de la Loire.
Gentilé : Louésiens, Louésiennes.

LOURDES
(65) Hautes-Pyrénées, région Occitanie.
Gentilé : Lourdais, Lourdaises.

LOURDE (31) Haute-Garonne, Occitanie.
Gentilé : Lourdais, Lourdaises.

LUISANT (28) Eure-et-Loir, région Centre -Val de Loire.
Gentilé : Luisantais, Luisantaises.

LA MORTE (38) Isère, Rhône-Alpes.
Gentilé : Mortillons, Mortillonnes.

MOYEN (54) Meurthe-et-Moselle, région Grand Est.
Gentilé : Ménoviciens, Ménoviciennes.

PAUVRES (08) Ardennes, Grand Est.
Gentilé : Aucun (aidez-les à trouver svp).

LES PIEUX (50) Manche, Normandie.
Gentilé : Pieusais, Pieusaises.

PINCÉ (72) Sarthe, Pays de la Loire.
Gentilé : Pincéens, Pincéennes.

PLACÉ (53) Mayenne, Pays de la Loire.
Gentilé : Placéens, Placéennes.

PRÉCIEUX (42) Loire, Auvergne.
Gentilé : Prescussériens, Prescussériennes.

PURE (08) Ardennes, région Grand Est.
Gentilé : Purotins, Purotines.

REMOUILLÉ (44) Loire-Atlantique, région Pays de la Loire.
Gentilé : Remouilléens, Remouilléennes.

LA REMUÉE (76) Seine-Maritime, région Normandie.
Gentilé : Remotais, Remotaises.

LA RICHE (37) Indre-et-Loire, région Centre-Val de Loire.
Gentilé : Larichois, Larichoises.

ROUILLÉ (86) Vienne, région Nouvelle-Aquitaine.
Gentilé : Rullicois, Rullicoises.

RUSTIQUES (11) Aude, région Occitanie.
Gentilé : Rustiquois, Rustiquoises.

SOUILLÉ (72) Sarthe, région Pays de la Loire.
Gentilé : Souilléens, Souilléennes.

LA TAILLÉE (85) Vendée, région Pays de la Loire.
Gentilé : Taillezais, Taillezaises.

TASSÉ (72) Sarthe, Pays de la Loire.
Gentilé : Tasséens, Tasséennes.

TENDU (36) Indre, Centre-Val de Loire.
Gentilé : Tendunois, Tendunoises.

VIEUX
(81) Tarn, région Occitanie.
Gentilé : Vieuxois, Vieuxoises.
(14) Calvados, région Normandie.
Gentilé : Viducasses.

VIF (38) Isère, Rhône-Alpes.
Gentilé : Vifois, Vifoises.

VIRÉ (71) Saône-et-Loire, région Bourgogne-Franche-Comté.
Gentilé : Viréens, Viréennes.

VITRÉ (35) Ille-et-Vilaine, Bretagne.
Gentilé : Vitréens, Vitréennes.

VITREUX (39) Jura, région Bourgogne-Franche-Comté.
Gentilé : Vitrouillers, Vitrouillères.

VOISINES
(52) Haute-Marne, région Grand Est.
Gentilé : Vésignois, Vésignoises.
(89) Yonne, région Bourgogne-Franche-Comté.
Gentilé : Voisinats, Voisinates.

Autres communes dans nos départements

FOURTOU (Aude) → Fortonais, Fortonaises.

MOUX (Aude) → Mouxois, Mouxoises.

TOURNEFEUILLE (Haute-Garonne) → Tournefeuillais, Tournefeuillaises.

SOULATGÉ (Aude) → Soulatgeois, Soulatgeoises.

SALLES-LA-SOURCE (Aveyron) → Salles-Sourçois, Salles-Sourçoises.

LES CROÛTES (Aube) → Croûtons, Croûtonnes.

CROTTET (Ain) → Crottassis, Crottassises.

ACY (Aisne) → Acéens, Acéennes.

OHIS (Aisne) → Ohissois, Ohissoises.

LAMENTIN (Guadeloupe) → Lamentinois, Lamentinoises.

SOUCY (Aisne) → Sulcéens, Sulcéennes.

CRÉPY (Aisne) → Crépynois, Crépynoises

BÉNY (Ain) → Bénéens, Bénéennes.

GLAIRE (Ardennes) → Glairois, Glairoises.
MONTGUEUX (Aube) → Montgueuillats, Montgueuillates.
BARCELONNE (Drôme) → Barcelonnais, Barcelonnaises.
PERTHES (Ardennes) → Perthois, Perthoises.
SACHY (Ardennes) → Sachois, Sachoises.
SÉCHAULT (Ardennes) → Séchaultois, Séchaultoises.
CHATAIN (Vienne) → Chatainais, Chatainaises.
CAMARADE (Ariège) → Camareaux.
OUST (Ariège) → Oustois, Oustoises.
LACAVE (Ariège) → Lacavois, Lacavoises.
MACHÉ (Vendée) → Machéens, Machéennes.
BONNOEIL (Calvados) → Bonnoeillais, Bonnoeillaises.

LA PALME (Aude) → Palmistes.

ARNAC (Cantal) → Arnacois, Arnacoises.

ARNAC-LA-POSTE (Haute-Vienne) → Arnacois, Arnacoises.

JUILLÉ (Sarthe) →Juilléens, Juilléennes.

LA TÂCHE (Charente) → Tachois, Tachoises.

MARANS (Charente-Maritime) → Marandais, Marandaises.

LA TREMBLADE (Charente-Maritime) →Trembladais, Trembladaises.

ABONDANCE (Haute-Savoie) → Abondanciers, Abondancières ou Abondanciens, Abondanciennes.

LATRONCHE (Corrèze) → Tronchois, Tronchoises.

COUCHEY (Côte-d'Or) → Couchois, Couchoises.

JOUEY (Côte-d'Or) → Jouyais, Jouyaises.

MÂLAIN (Côte-d'Or) → Mâlinois, Mâlinoises.

PLUMIEUX (Côtes-d'Armor) → Plumetais, Plumetaises.

PLURIEN (Côtes-d'Armor) → Pluriennais, Pluriennaises.

ANGOISSE (Dordogne) → Angoissais, Angoissaises.

BEURE (Doubs) → Beurots, Beurotes.

LA COMPÔTE (Savoie) → Compôtains, Compôtaines

DIEULEFIT (Drôme) → Dieulefitois, Dieulefitoises.

GLANDAGE (Drôme) → Glandageois, Glandageoises.

MONTFROC (Drôme) → Montfrocois, Montfrocoises.

PERROU (Orne) → Péruviens, Péruviennes.

BENET (Vendée) → Benétains, Benétaines.

HOUX (Eure-et-Loir) → Houssois, Houssoises.
DANGERS (Eure-et-Loir) → Dangeois, Dangeoises.
ISLAND (Yonne) → Islandais, Islandaises.
OLLÉ (Eure-et-Loir) → Ollésiens, Ollésiennes.
CONNAUX (Gard) → Connaulais, Connaulaises.
OÔ (Haute-Garonne) → Onésiens, Onésiennes.
LHUÎTRE (Aube) → Lhuîtriens, Lhuîtriennes.
LARÉE (Gers) → Laréens, Laréennes.
PIS (Gers) → Pisois, Pisoises.
BEAUTIRAN (Gironde) → Beautiranais, Beautiranaises.
VATAN (Indre) → Vatanais, Vatanaises.
BETTON (Ille-et-Vilaine) → Bettonnais, Bettonnaises.

PAIMPONT (Ille-et-Vilaine) → Paimpontais, Paimpontaises.
MONNAIE (Indre-et-Loire) → Modéniens, Modéniennes.
VILLEPERDUE (Indre-et-Loire) → Villeperdusiens, Villeperdusiennes.
BEAUCROISSANT (Isère) → Manants, Manantes.
CROTENAY (Jura) → Crotenaisiens, Crotenaisiennes.
ORGELET (Jura) → Orgelétains, Orgelétaines.
DAMPARIS (Jura) → Damparisiens, Damparisiennes.
LONGCOCHON (Jura) → Couchetards, Couchetardes.
CAGNOTTE (Landes) → Cagnottais, Cagnottaises.
LABENNE (Landes) → Labennais, Labennaises.
BEAUSSAIS-VITRÉ (79) Deux-Sèvres.
Gentilé : Beausséens, Beausséennes.

LABRIT (Landes) → Labritois, Labritoises.

LAGLORIEUSE (Landes) → Glorieux, Glorieuses.

ÉPUISAY (Loir-et-Cher) → Épuiséens, Épuiséennes.

MOISY (Loir-et-Cher) → Messiens, Messiennes.

VILLECHAUVE (Loir-et-Cher) → Villacalvitiens, Villacalvitiennes.

MOUAIS (Loire-Atlantique) → Mouaisiens, Mouaisiennes.

SAINT-MARS-DU-DÉSERT (Loire-Atlantique) → Marsiens, Marsiennes.

BOU (Loiret) → Boumiens, Boumiennes.

CHILLEURS-AUX-BOIS (Loiret) → Chilleurois, Chilleuroises.

PATAY (Loiret) → Patichons, Patichonnes.

SOS (Lot-et-Garonne) → Sotiates.

POMPIEY (Lot-et-Garonne) → Pompieyens, Pompieyennes.

SAINT-VITE (Lot-et-Garonne) → Saint-Vitois, Saint-Vitoises.

CHEFFES (Maine-et-Loire) → Cheffois, Cheffoises.

TIERCÉ (Maine-et-Loire) → Tiercéens, Tiercéennes.

GERMAINE (Marne) → Germinois, Germinoises.

LAVANNES (Marne) → Lavannois, Lavannoises.

RÉVEILLON (Orne) → Réveillonnais, Réveillonnaises.

TRÉCON (Marne) → Tréconniers, Tréconnières.

TRESLON (Marne) → Treslonnais, Treslonnaises.

LA VEUVE (Marne) → Viduens, Viduennes.

MOUILLERON (Haute-Marne) → Mouilleronnais, Mouilleronnaises.

APREY (Haute-Marne) → Apreyens, Apreyennes.

ASSÉ-LE-BÉRENGER (Mayenne) → Asséens, Asséennes.

SIGOGNE (Charente) → Sigognois, Sigognoises.

COUTURE (Charente) → Couturois, Couturoises.

AUREILLE (Bouches-du-Rhône) → Aureillois, Aureilloises.

ENTREPIERRES (Alpes-de-Haute-Provence) → Interpétrasiens, Interpétrasiennes.

SIMPLÉ (Mayenne) → Simpléens, Simpléennes.

AVRIL (Meurthe-et-Moselle) → Avrilois, Avriloises.

BOUCQ (Meurthe-et-Moselle) → Boucquins, Boucquines.

CRACH (Morbihan) → Crachois, Crachoises.

JURY (Moselle) → Juréens, Juréennes.

SAUSSES (Alpes-de-Haute-Provence) → Saussois, Saussoises.

LAZER (Hautes-Alpes) → Lazerois, Lazeroises.

LA FORCE (Dordogne) → Forcelais, Forcelaises.

SIGALE (Alpes-Maritimes) → Sigalois, Sigaloises.

SALON (Dordogne) → Salonais, Salonaises.

LACHAMBRE (Moselle) → Lachambrois, Lachambroises.

ACHUN (Nièvre) → Achunois, Achunoises.

BRAIZE (Allier) → Braizois, Braizoises.

MONTAPAS (Nièvre) → Montapasois, Montapasoises.

FOURMIES (Nord) → Fourmisiens, Fourmisiennes.

DON (Nord) → Donois, Donoises.

BULLES (Oise) → Bullois, Bulloises.

CRAMOISY (Oise) → Cramoisiens, Cramoisiennes.

LATAULE (Oise) → Pas de gentilé.

LE BRETHON (Allier) → Brethonnois, Brethonnoises.

LE VILHAIN (Allier) → Vilhanois, Vilhanoises.

PEIPIN (Alpes-de-Haute-Provence) → Peipinois, Peipinoises.

TRICOT (Oise) → Tricotois, Tricotoises.

BIZOU (Orne) → Bizouins, Bizouines.

LE SOURD (Aisne) → Sourdois, Sourdoises

ACHIET-LE-GRAND (Pas-de-Calais) → Achiétois, Achiétoises.

ACHIET-LE-PETIT (Pas-de-Calais) → Achiétois, Achiétoises.

LES ATTAQUES (Pas-de-Calais) → Attaquois, Attaquoises.

BELLEBRUNE (Pas-de-Calais) → Bellebrunois, Bellebrunoises.

MONCHIET (Pas-de-Calais) → Monchiettois, Monchiettoises.

BEUVRY (Pas-de-Calais) → Beuvrygeois, Beuvrygeoises.

JOB (Puy-de-Dôme) → Joviens, Joviennes.

PARENT (Puy-de-Dôme) → Parentais, Parentaises.

DICONNE (Saône-et-Loire) → Diconnois, Diconnoises.

CIEL (Saône-et-Loire) → Ciélois, Ciéloises.

PIONSAT (Puy-de-Dôme) → Pionsatois, Pionsatoises.

SALLESPISSE (Pyrénées-Atlantiques) → Sallespissiens, Sallespissiennes.

ARETTE (Pyrénées-Atlantiques) → Arettois, Arettoises.

CAME (Pyrénées-Atlantiques) → Akamartar.

MACAYE (Pyrénées-Atlantiques) → Makears, Makeares.

MOMY (Pyrénées-Atlantiques) → Momynois, Momynoises.

AUCUN (Hautes-Pyrénées) → Aucunois, Aucunoises.

AVEUX (Hautes-Pyrénées) → Aveusiens, Aveusiennes.
SALIGOS (Hautes-Pyrénées) → Saligosiens, Saligosiennes.
ROTT (Bas-Rhin) → Rottois, Rottoises.
LE TARTRE (Saône-et-Loire) → Tartréens, Tartréennes.
DEGRÉ (Sarthe) → Degréens, Degréennes.
LHOMME (Sarthe) → Lhommois, Lhommoises.
MARESCHÉ (Sarthe) → Mareschéens, Mareschéennes.
LA QUINTE (Sarthe) → Quintois, Quintoises.
REQUEIL (Sarthe) → Requeillois, Requeilloises.
ROULLÉE (Sarthe) → Roulléens, Roulléennes.
GERBAIX (Savoie) → Gerbelans, Gerbelanes.
QUINTAL (Haute-Savoie) → Quintalis.

LE SAPPEY (Haute-Savoie) → Sappeyans, Sappeyanes.

YVOIRE (Haute-Savoie) → Yvoiriens, Yvoiriennes.

MONTROTY (Seine-Maritime) → Rosti-Montois, Rosti-Montoises.

LE TRAIT (Seine-Maritime) → Traitons, Traitonnes.

BABY (Seine-et-Marne) → Bédoins, Bédoines.

BOMBON (Seine-et-Marne) → Bombonnais, Bombonnaises.

COLLÉGIEN (Seine-et-Marne) → Collégeois, Collégeoises.

LESCHES (Seine-et-Marne) → Leschois, Leschoises.

PLAISIR (Yvelines) → Plaisirois, Plaisiroises.

GEAUNE (Landes) → Geaunois, Geaunoises.

PAS-DE-JEU (Deux-Sèvres) → Jovinais, Jovinaises.

FRANÇAY (Loir-et-Cher) → Francillons, Francillonnes.

ROM (Deux-Sèvres) → Romains, Romaines.

MER (Loir-et-Cher) → Mérois, Méroises.

Y (Somme) → Ypsiloniens, Ypsiloniennes.

LE TITRE (Somme) → Titrois, Titroises.

ORGUEIL (Tarn-et-Garonne) → Orgueillois, Orgueilloises.

LACAUNE (Tarn) → Lacaunais, Lacaunaises.

LAFRANÇAISE (Tarn-et-Garonne) → Lafrançaisains, Lafrançaisaines.

LA MÔLE (Var) → Molois, Moloises.

BEAUFOU (Vendée) → Meillerets, Meillerettes.

LE BERNARD (Vendée) → Bernardais, Bernardaises.

VUE (Loire-Atlantique) → Véziens, Véziennes.

LE GIVRE (Vendée) → Givrais, Givraises.

LA GRESLE (Loire) → Greslois, Gresloises OU Greslis.

LE MAZEAU (Vendée) → Mazéens, Mazéennes.

PISSOTTE (Vendée) → Pissottois, Pissotoises.

VERRUE (Vienne) → Verrucois, Verrucoises.

GLANDON (Haute-Vienne) → Glandonais, Glandonaises.

GORRE (Haute-Vienne) → Gorrois, Gorroises.

PANNES (Loiret) → Pannois, Pannoises.

LA BAFFE (Vosges) → Argentois, Argentoises.

LES FESSEY (Haute-Saône) → Fesserots.

DESMONTS (Loiret) → Desmontois, Desmontoises.

BACH (Lot) → Bachois, Bachoises.

LE SYNDICAT (Vosges) → Syndiciens, Syndiciennes.

LOOZE (Yonne) → Looziens, Looziennes.

MERCY (Allier) → Mercycois, Mercycoises.

NUITS (Yonne) → Nuitons, Nuitonnes.

TRICHEY (Yonne) → Trichotins, Trichotines.

MONTBOUTON (Territoire de Belfort) → Montboutonnais, Montboutonnaises.

ROUGEGOUTTE (Territoire de Belfort) → Rougegouttois, Rougegouttoises.

GROSLAY (Val-d'Oise) → Groslaysiens, Groslaysiennes.

LES ABYMES (Guadeloupe) → Abymiens, Abymiennes.

LE POMPIDOU (Lozère) → Pompidoliens, Pompidoliennes.

LA DÉSIRADE (Guadeloupe) → Désiradiens, Désiradiennes.

SAUMONT (Lot-et-Garonne) → Saumonais, Saumonaises.

VIEUX-HABITANTS (Guadeloupe) → Habissois, Habissoises.

LE ROBERT (Martinique) → Robertins, Robertines.

ENTRE-DEUX (La Réunion) → Entre-Deusiens, Entre-Deusiennes.

SEYCHES (Lot-et-Garonne) → Seychois, Seychoises.

TAILLEPIED (Manche) → Taillepiétais, Taillepiétaises.

ALLEMANT (Marne) → Allemantiots, Allemantiotes.

LA POSSESSION (La Réunion) → Possessionnais, Possessionnaises.

DORMANS (Marne) → Dormanistes.

PLEURS (Marne) → Pleuriots, Pleuriotes.

POIX (Marne) → Poitains, Poitaines.

CASANOVA (Haute-Corse) → Pas de gentilé.

MESNOIS (Jura) → Matous.

NEY (Jura) → Calins, Calines.

LE MONT-DIEU (Ardennes) → Montagnards Divins, Montagnardes Divines.

CONCHY-LES-POTS (Oise) → Conchyliens, Conchyliennes.

FAUCONCOURT (88) Vosges, Grand Est *Gentilé* : Falconicuriens, Falconicuriennes.

QUARANTE (Hérault) → Quarantais, Quarantaises.

BAYE (Finistère) → Bayois, Bayoises.

BAYE (Marne) → Bayens, Bayennes.

PY (Pyrénées Orientales) → Pyens, Pyennes.

PANTIN (Seine Saint-Denis) → Pantinois, Pantinoises.

ASPIRAN (Hérault) → Aspiranais, Aspiranaises.

RÉAL (Pyrénées Orientales) → Réalais, Réalaises.

SAINT-JEAN-DU-DOIGT (Finistère) → Saint-Jeannais, Saint- Jeannaises.

LATTES (Hérault) → Lattois, Lattoises.

NOISY-LE-SEC (Seine Saint-Denis) → Noiséens, Noiséennes.

BOURG-MADAME (Pyrénées Orientales) → Guinguettois, Guinguettoises.

Petite info : Nom donné en l'honneur de « Madame Royale », fille de Louis XVI et Marie-Antoinette d'Autriche.

~ FIN ~

Table des matières

Communes noms d'animaux..................p.05

Communes noms de villes et pays............p.13

Communes noms de couleurs.................p.19

Communes noms du corps humain...........p.23

Communes noms d'aliments..................p.29

Communes noms d'objets.....................p.35

Communes noms de lieux.....................p.45

Communes noms de verbes...................p.55

Communes noms d'adjectifs..................p.65

Autres communes dans nos départements....p.79